L'ÉGALITÉ POLITIQUE

CONSIDÉRÉE COMME MOYEN DE MORALISATION.

LYON. IMPRIMERIE DE BOURSY FILS,
RUE DE LA POULAILLERIE, 19.

L'ÉGALITÉ POLITIQUE

CONSIDÉRÉE

COMME MOYEN DE MORALISATION.

Par Rigoct.

Paris.

DESFORGES, LIBRAIRE, RUE DU PONT-DE-LODI.

Lyon.

CHEZ LES PRINCIPAUX LIBRAIRES.

1838.

Avant-Propos.

—

Vivement pénétré de la dignité, de la noblesse de la nature humaine, et aussi vivement affecté de l'état d'abaissement, de ruse, de misère et de corruption dans lequel a vécu jusqu'ici la plus grande partie du genre humain, nous croyons qu'il est de notre devoir, chaque fois que cela nous est possible, de payer notre faible tribut à la cause de la réforme sociale. Nous croyons aussi que tous ceux qui partagent notre sentiment sur la condition d'existence que doit avoir le genre humain, doivent payer leur tribut, quelle que soit d'ailleurs la mesure de leurs lumières, à la recherche des causes qui ont pu contribuer à le jeter dans une pareille voie, de même que celles qui peuvent l'en sortir au plus vite pour lui imprimer une direction de sagesse et de raison. Il y a assez long-temps que ces précieuses facultés morales qui font de l'homme un être raisonnable et le rapprochent de la divinité, sont absorbées par ces autres facultés physiques qui le rapprochent de la brute, pour qu'il soit temps de travailler activement à fonder le règne de l'intelligence.

Parmi les causes de corruption ou de moralisation se trouve la forme des gouvernements; on ne saurait nier l'influence immense qu'exercent sur les mœurs et les habitudes d'un peuple telles ou telles institutions politiques.

C'est donc pour examiner les conséquences de chaque forme gouvernementale que nous nous sommes imposé ce petit travail.

Avant d'entrer dans cet examen, nous allons jeter un rapide coup-d'œil sur les institutions politiques des Grecs et des Romains, afin de montrer que ces peuples n'ont jamais eu de gouvernements rationnellement démocratique.

I.

Démocratie et *République* sont deux mots déjà bien vieux, puisque l'histoire nous apprend que plusieurs peuples de l'antiquité la plus reculée ont été soumis à des gouvernements portant le nom de *républiques*. Aussi les détracteurs d'une forme de gouvernement qui tient sa force et sa puissance de toutes les parties du corps social, s'efforcent-ils d'opposer aux partisans de ce mode gouvernemental, que ce qu'ils désirent est ancien comme le monde, et qu'alors, loin d'être un progrès, c'est au contraire un pas fait en arrière.

Nous leur répondrons qu'ils auront beau fouiller dans les annales historiques des peuples de l'antiquité, étudier leurs institutions, nulle part ils ne trouveront un gouvernement réellement démocratique. Voyons un peu : sera-ce chez les Spartiates, ce peuple renommé par l'austérité de ses mœurs et sa bravoure dans les combats, que nous trouverons des institutions républicaines comme les entendent aujourd'hui les hommes de l'école radicale? Non; car, outre les esclaves, qui étaient considérés comme une chose, et privés de toute espèce de droit, il y avait encore les Ilotes, qui étaient, par la constitution même de l'état, privés du titre de citoyens, et, de plus, soumis aux avanies et aux cruautés les plus révoltantes de la part de leurs frères libres. Sera-ce chez les Athéniens que nous trouverons établie l'égalité politique? Pas mieux que chez les Spartiates; car, chez eux, comme dans toute la Grèce, l'esclavage existait, et les droits de la conquête étaient aussi solidement établis. Solon, ce grand législateur, justement admiré de ses contemporains, et dont le nom se prononce encore parmi nous avec une grande vénération, dans les lois qu'il donna à sa patrie, c'est-à-dire à Athènes, le droit de prendre part aux affaires publiques, ou directement ou indirectement, n'est accordé qu'aux gens de loisir, qu'à ceux dont la position est indépendante, ou pour mieux dire, qui vivent du travail des autres; il y est dit explicitement que les artisans ne prendront aucune part aux affaires de l'état.

Est-ce chez les Romains que nous trouverons une application plus juste des principes que nous déduisons, des mots démocratie et république? Pas mieux encore qu'ailleurs; toujours l'esclavage; toujours les droits politiques sont refusés à la plupart de ceux qui vivent d'un travail industriel. Rome avait aussi une aristocratie solidement constituée, et jouissant d'une infinité de franchises et de prérogatives, le patriciat, aristocratie dont l'existence a duré jusqu'au tombeau de ce vaste empire romain.

On ne peut néanmoins s'empêcher de reconnaître que la période romaine appelée républicaine a eu une influence favorable sur les mœurs publiques.

La Gaule, au dire de César, était aussi gouvernée démocratiquement; mais il a soin d'ajouter que les *chevaliers* et les *druides* formaient à eux seuls la nation officielle, ce qui signifie *noblesse* et *clergé* des temps modernes.

C'est donc bien vainement qu'on voudrait trouver dans l'antiquité un gouvernement démocratique. Du reste, quel est l'écrivain, quel est le philosophe de cet âge qui se soit élevé jusqu'à l'idée de l'humanité? Quel est le philosophe qui n'ait pas reconnu la légitimité de l'esclavage et les droits de la conquête? Aucun. Aristote est à peu près le seul qui se soit avisé de discuter cette question, et il est arrivé à cette monstrueuse conclusion, que « ce n'est » pas seulement pour vivre ensemble que » les hommes se sont mis en société, mais » plutôt pour bien vivre; sans quoi la so-

» ciété comprendrait *les esclaves* et *même* » *les autres animaux.* »

Si l'ancien monde a fourni des écrits remarquables par l'élévation des idées, par une certaine appréciation des devoirs et de la dignité de l'homme, c'est qu'ils appartiennent à ces esclaves instruits et éclairés par les soins de leurs maîtres, et que ceux-ci louaient ensuite pour enseigner la grammaire, les belles-lettres, la philosophie. C'est Epictète, c'est l'esclave de Caton donnant à celui-ci des leçons d'une haute morale sur la dernière action de sa vie, son suicide.

Ainsi, la seule comparaison raisonnable à faire de la forme des gouvernements républicains de l'antiquité avec les institutions républicaines demandées aujourd'hui, c'est la synonymie du nom ancien avec le nom moderne, tandis que les adversaires de l'école démocratique veulent précisément mettre en application chez les peuples modernes les institutions anciennes; ce qui revient à dire que, si nous empruntons le nom, eux empruntent la chose. En effet, n'est-ce pas la souveraineté de la bourgeoisie ou de la classe moyenne que l'école doctrinaire veut introduire dans les gouvernements présents et futurs, et qu'à l'aide du sophisme, elle veut faire considérer comme le plus favorable aux bonnes mœurs et au bien-être de tous? Eh bien! n'est-ce pas là précisément la forme de gouvernement qui a fait l'objet des méditations de Solon, de Platon et d'Aristote?

Plus tard, lorsque nous discuterons les conséquences de chaque principe gouvernemental, nous n'aurons pas de peine à démontrer que tout gouvernement émanant du privilége et du monopole, loin d'imprimer à une nation un caractère de sagesse et partant de prospérité matérielle, ne peut que paralyser ses élans généreux et arrêter ses efforts.

Si nous avons relevé une argumentation faite chaque jour par les hommes plus ou moins dynastiques, c'est qu'elle nous a paru être le résultat ou de l'ignorance ou de la mauvaise foi. Nous aimons cependant à croire qu'il est des hommes de bonne foi parmi ceux qui professent des opinions contraires aux nôtres. Nous respectons chez autrui toutes les opinions, lorsque nous les croyons sincères et désintéressées. Ceux-là, nous cherchons à les éclairer par la discussion, nous cherchons à provoquer leur réflexion sur tel principe que nous croyons être conforme à la raison et à l'équité, et aussi un grand moyen de moralisation, persuadé que les opinions du plus grand nombre de nos adversaires de bonne foi sont le fruit de leur éducation et du milieu social où ils ont vécu.

Ce serait donc une bien grande erreur que de vouloir s'appuyer sur l'antiquité pour fonder le règne de la doctrine morale et philosophique de l'avenir. Cependant les temps anciens sont toujours bons à consulter, quand ce ne serait que pour constater la marche de l'esprit humain. Les peuples de l'antiquité ne connurent que l'empire de la force brutale qu'ils traduisirent par l'esclavage et la conquête. La guerre était le seul mobile de ces peuples encore barbares et ignorants. Le droit du plus fort était toujours légitime. Avec la science sociale d'alors, ainsi qu'avec les principes religieux du polythéisme, il était impossible qu'ils pussent tirer des diverses institutions politiques les conséquences morales que nous prétendons en déduire. Néanmoins on ne peut se refuser à penser que l'érection en républiques des peuples qui pendant plusieurs siècles avaient obéi à la royauté, c'est-à-dire au pouvoir d'un seul, était un fait produit par la force même de cette loi de perfectibilité à laquelle sont soumis les ouvrages humains; car la participation aux affaires publiques, accordée à un grand nombre de citoyens, était évidemment un pas fait vers cette égalité politique qui est un droit acquis à tous et un devoir pour tous de défendre.

Avec la chute du gouvernement quasi républicain de Rome, le christianisme, héritier des idées de quelques philosophes païens d'un profond savoir et d'une rare sagesse, vint apporter à l'humanité un nouveau code social qui ferma le passé, et ouvrit à l'avenir les portes d'un chemin plus noble, plus en harmonie avec les facultés dont Dieu a doué ses créatures. Cependant les immortels principes enseignés par Jésus devaient rester bien long-temps avant d'être compris et mis en application.

L'invasion des peuples du Nord, amenée par la corruption du peuple romain, conséquence inévitable de la mollesse et du luxe effréné qu'avaient fait pénétrer dans l'empire les dépouilles faites sur les vaincus, changea totalement la face de ces pays où naguère la sagesse de Socrate, la philosophie de Platon, l'austère vertu des fils de Cornélie, et aussi la simplicité et la noble pauvreté des premiers apôtres chrétiens, faisaient l'admiration du monde entier.

Ces peuples, apportant avec eux leurs mœurs ainsi que leurs habitudes barbares, replongèrent la plus grande partie des nations de la terre dans une profonde ignorance, et lois, usages et coutumes, tout fut changé. Les successeurs du Christ, soit conviction, soit désir d'étendre et fortifier leur puissance, profitèrent de l'état d'abaissement intellectuel où étaient alors les peuples, pour introduire dans leur enseignement la doctrine immorale du *droit divin*.

Ils firent des souverains des représentants de Dieu, et des sujets un troupeau digne tout au plus d'être exploité.

Les divisions survenues entre les maîtres spirituels et les maîtres temporels des peuples de l'Italie, portèrent plusieurs villes à se déclarer indépendantes sous le nom de *républiques*. Ces villes n'avaient encore d'une république que le nom; car le pouvoir était concentré dans les mains d'une partie seulement des citoyens. C'est ainsi que la Pologne, qui était une nation bien autrement importante que le premier état indépendant de l'Italie, a porté le nom de république pendant des siècles, tandis que son gouvernement était une odieuse aristocratie ou oligarchie. Ce peuple avait à sa tête un roi élu par un corps aristocratique dont les droits ainsi que d'immenses prérogatives étaient héréditaires, et la nation entière, moins cette classe privilégiée, gémissait dans l'ignoble condition du servage.

Ainsi, nulle part, dans le passé, nous ne voyons un peuple gouverné par des institutions réellement démocratiques, et surtout capable d'en tirer les conséquences sociales que nous voulons en tirer.

C'est ici le lieu de faire remarquer que les peuples qui se sont donné des institutions politiques approchant plus ou moins de la démocratie, se distinguaient par des mœurs simples et austères, et poussaient le sentiment de la justice et de l'honneur à un haut degré, tandis que les gouvernements absolus ont toujours été amenés par des mœurs dissolues et dépravées, par des habitudes de luxe, de volupté, de débauche. Aussi Montesquieu a-t-il dit : *La vertu est le mobile des gouvernements républicains.*

Dans les temps modernes, il est vrai, plusieurs peuples de l'Amérique jouissent d'un gouvernement démocratique. Chez ces peuples cette forme de gouvernement nous paraît plutôt le fait de leur position topographique, ainsi que d'une foule de causes qu'il serait trop long d'énumérer, que le résultat de leur état moral et intellectuel; car il y existe trop d'anomalies choquantes. Nous ne pensons pas que la vraie science sociale et humanitaire vienne des peuples américains.

La France, quoique sous un gouvernement constitutionnel monarchique, est la seule nation qui nous semble capable de prendre l'initiative dans ce grand changement politique, devant puissamment s'aider à amener une régénération morale, et partant une organisation sociale sur de justes bases. Chez nous, les conséquences morales et matérielles de la doctrine démocratique sont acquises par l'étude et la méditation, de telle façon qu'on peut presque dire que c'est une science philosophique.

Nous croyons donc, abstraction faite de notre qualité de citoyen français, que la France est la seule nation capable de donner au mouvement des idées une direction de justice et de moralité.

Déjà nos pères ont prouvé que si de mauvais gouvernements pouvaient assoupir les sentiments d'égalité et de liberté, il était impossible de les éteindre tout-à-fait.

La révolution française de 89 est le plus grand événement social des temps modernes; jamais on n'avait vu des corps politis'élever à des considérations d'une aussi haute portée que les assemblées qui se succédèrent de 89 à 94.

Cette révolution ne fut pas seulement un déplacement de pouvoir amené par l'ambition ou le vain caprice de quelques intrigants, mais bien la réalisation d'une doctrine philosophique aussi élevée dans ses conséquences morales que juste et sainte dans son principe. C'était l'application de ces sublimes vérités enseignées par le Christ: égalité, liberté et fraternité. Oui, ce sont là les seules conditions d'existence dignes de Dieu, dignes de l'humanité; car, l'homme ayant une destination à accomplir, pour le faire il doit être libre, et pour être libre il faut qu'il soit, autant que possible, placé sur le pied d'égalité avec ses semblables.

Cette révolution dut rencontrer beaucoup d'ennemis; d'abord ceux qui avaient de ces nombreux besoins amenés par des mœurs vicieuses, et qui ne peuvent plus s'élever aux notions du juste et de l'injuste, puis l'ignorance, et enfin ceux chez qui l'éducation et les préjugés religieux faisaient considérer comme coupable tout progrès ayant pour but de détruire les fausses idées reçues, les droits iniques et odieux établis et consacrés par une longue suite de siècles. Aussi aucun moyen ne fut-il négligé pour entraver sa marche. La royauté, de concert avec la noblesse, cette caste seigneuriale qui lui devait son rang et ses richesses, voyant sa puissance l'abandonner, chercha à séduire les hommes influents de la révolution, soudoya des mercenaires, et parvint, à force d'or et d'intrigue, à donner à la révolution un caractère de désordre, d'anarchie.

Le clergé, qui formait une autre caste non moins odieuse que la première, par le dérèglement des mœurs de la plupart de ses membres, corruption occasionnée par la position opulente que lui avaient value les services rendus au despotisme, blâmable surtout par l'oubli qu'il faisait de la morale chrétienne, le clergé, ai-je dit, qui avait aussi des priviléges à défendre, prêcha le renversement de l'ordre de choses établi, souffla partout le feu de la révolte. Et l'Angleterre, cette nation dont un sordide mobile a toujours présidé à la politique, ne contribua pas peu à augmenter nos malheurs.

En présence de tant de manœuvres infernales, combinées pour renverser un ordre de choses basé sur la justice et l'équité, ceux à qui cet ordre de choses avait coûté tant de veilles, tant de sacrifices, crurent devoir employer des moyens rigoureux et sévères, moyens que nous réprouvons de toute la force de notre ame, mais dont nous faisons supporter la principale responsabilité sur ceux à qui l'égoïsme et la vanité avaient fait organiser un odieux système de résistance. Les hommes justes et impartiaux qui ont étudié avec attention l'histoire de cette époque, ne peuvent se refuser de reconnaître , chez la plupart des acteurs de ce grand drame révolutionnaire, des intentions nobles et pures.

Quoi qu'il en soit, notre première révolution n'a pas peu contribué à provoquer l'étude et la méditation sur les résultats de telles ou telles institutions politiques, et c'est à elle que nous devons l'impulsion donnée à l'Europe entière et que dirige la France.

Après plusieurs années d'une terrible agitation, lorsque la nation eut épuisé toute son énergie morale, il se trouva un homme que la révolution avait fait grandir. Cet homme, habile à profiter des circonstances qui pouvaient servir ses desseins ambitieux, comprit que l'état de lassitude et de désorganisation où était la société lui permettrait facilement d'imposer sa volonté à un peuple ainsi divisé. Enhardi par quelques succès militaires, prestige si puissant sur les hommes dont la pensée ne peut s'élever au-delà de l'intérêt personnel, et sur ceux qui vivent plutôt par le sentiment que par la raison et l'intelligence, Napoléon fit servir les débris des instruments républicains à lui élever un trône. Comme on le pense bien, les libertés publiques que la nation avait conquises au prix de tant de sacrifices, ne furent pas respectées; elles furent détruites, et ce fut logique.

L'Empire fut une époque de honteuse mémoire; il plongea les esprits dans une servilité dégradante. Le sang, il est vrai, coula rarement dans l'intérieur ; mais celui qui était versé sur les frontières, chez les peuples étrangers, n'était-ce pas du sang humain mêlé de sang français ? Le patriotisme qui oublie que les peuples séparés par des fleuves ou des montagnes sont frères, est un patriotisme égoïste et bien coupable. Nous concevons la guerre, alors qu'une nation est injustement provoquée, alors qu'elle est attaquée. Les nations ont entre elles les mêmes devoirs à remplir, les mêmes droits à respecter que les individus entre eux. Aujourd'hui encore, beaucoup de personnes, même de celles qui se disent dévouées à la cause du progrès, de l'humanité, de la démocratie enfin, parlent avec une grande admiration et de Napoléon et de son règne. Qu'admire-t-on en Napoléon, si ce n'est précisément ce qui fait la honte d'un homme et aussi la honte d'un peuple? Outre le régime du sabre, qui était le caractère de l'Empire, principe immoral s'il en fût, y a-t-il de la dignité, y a-t-il de l'honneur pour une nation à abdiquer sa volonté, sa liberté, au profit d'un seul homme? y a-t-il donc du mérite pour un homme à faire de ses frères, de ses égaux, des sujets et des vassaux? Non, sans doute! Quelle est donc la doctrine philosophique de ces hommes qui voudraient faire de l'être humain un instrument, une machine dont les mouvements seraient soumis à une volonté autre que la sienne?

Que ceux qui subissent encore l'influence de cette malheureuse fascination produite par les faits militaires de l'Empire, veuillent un instant réfléchir sur le caractère du gouvernement impérial, et ils reconnaîtront que l'autorité et la puissance provenant de la force brutale et de la crainte, ne sont pas conformes à la nature, à la dignité de l'homme. Toutefois, nous ne savons quel est le plus coupable, d'une nation qui, après avoir conquis ses droits, s'en laisse dépouiller, ou de Napoléon lui imposant sa volonté despotique.

Après l'Empire, nous avons eu la Restauration. Le gouvernement de cette époque fut obligé de faire quelques concessions à l'opinion publique. Une charte fut donnée aux Français qui octroyait des droits politiques à un petit nombre de citoyens. Quoique les libertés publiques fussent bien étroites, bien resserrées, et les droits politiques concentrés dans les mains d'hommes dont ordinairement les sentiments et les opinions sont acquis à tout pouvoir fondé sur le privilége, le gouvernement constitutionnel de la Restauration ne se trouvait pas à l'aise; il voulait des prérogatives illimitées, absolues; entraîné par la nécessité de son principe, il jeta le gant à la classe des électeurs, et les journées de juillet s'en suivirent.

La presse, sous la Restauration, avait déjà acquis uue grande importance; elle était loin cependant d'être à la hauteur de sa mission. L'opposition faite au gouvernement d'alors reposait plutôt sur une question de personnes que sur une question de principes. Sous le rapport politique, les publicistes de l'école libérale étaient bien peu profonds, puisqu'ils ne comprenaient pas que les gouvernements obéissent à des principes, à des causes; que lorsque ces causes ou ces principes subsistent, il est presque impossible que les effets ne soient pas les mêmes. Sous le rapport religieux, tout imbus du scepticisme voltairien, ils se déchaînaient chaque jour contre le clergé, les jésuites, le catholicisme, et les insensés ne préparaient rien qui fût capable de fonder une nouvelle croyance, de construire un édifice religieux sur les ruines de celui qu'ils voulaient démolir, et aussi qui tombait par vice de construction. La révolution de juillet arriva, et un prince de la branche cadette alla prendre possession d'un trône que venait de quitter son parent. La charte fut revisée et refaite sur des bases un peu plus larges.

Voilà huit ans que le gouvernement du 7 août est l'arbitre des destinées de la France; peut-on dire que sa moralité soit plus grande? peut-on dire que son bien-être ait augmenté? Le seul progrès à constater, c'est que l'opinion publique, quelque peu désillusionnée par le nouvel essai d'un gouvernement également basé sur le monopole et le privilége, a compris qu'un changement de personnes n'était pas capable d'imprimer à la société un caractère de dignité ni de bonheur, mais qu'il fallait une réforme radicale dans les institutions.

L'opinion a également compris qu'on devait laisser de côté toute tactique systématique, toutes ces intrigues de parti; qu'on devait chercher à réformer les idées, à persuader et à convaincre, seulement par la discussion. Tout en désirant voir la presse périodique abandonner ces thèmes bien usés, pour aborder les questions de philosophie morale et politique, nous ne pouvons nous empêcher de reconnaître qu'elle a fortement contribué à amener le travail qui, s'il est bien dirigé, nous procurera enfin la vertu et la liberté.

II.

L'humanité comme l'individu ayant une destination à accomplir, nous pensons que toutes les institutions émanant de la volonté des hommes doivent avoir pour but la civilisation et surtout la moralisation, afin d'en faciliter son accomplissement. Profondément convaincu que les institutions politiques d'un peuple peuvent avoir une grande influence sur ses mœurs et sur ses habitudes, nous allons rechercher quelles sont celles qui peuvent imprimer à la société un caractère de grandeur morale, et aussi quelles sont celles qui, loin de donner à l'esprit humain cette noble impulsion, ne peuvent que l'arrêter dans sa marche en paralysant ses généreux efforts.

Notre point de vue pour juger et discuter la forme d'un gouvernement est surtout dans l'examen de ses résultats moraux; résultats moraux auxquels sont essentiellement enchaînées et la stabilité de l'ordre social et la satisfaction générale des besoins matériels.

Nous pensons donc que toutes les questions se rattachant à la dignité et aussi au bonheur du genre humain, doivent être envisagées sous le point de vue religieux ou philosophique; nous disons religieux ou philosophique, parce que, pour nous et pour quiconque voudra réfléchir, ces deux mots ont la même acception. La véritable philosophie consiste à faire triompher la vérité sur l'erreur, la raison sur la superstition, la vertu sur le vice, à apprendre à l'homme ce qu'il est, d'où il vient, où il va; et nous ne sachions pas que la religion se propose autre chose. C'est donc à tort que certaines écoles voudraient rendre hostiles ces deux mots. Toutes les questions, avons-nous dit, qui ont pour objet l'humanité, doivent être envisagées sous le rapport religieux, parce que là seulement peut se trouver l'appréciation juste des droits et des devoirs. En disant que nous nous plaçons au point de vue religieux, nous voulons dire que, l'homme ayant une destinée à accomplir, sa pensée doit s'élever au-delà des limites de la vie terrestre; nous voulons dire que ses instincts physiques doivent être subordonnés à ses facultés morales; nous voulons dire que sa volonté et son activité intellectuelles doivent s'exercer avec toute la liberté et la latitude possibles; nous voulons dire, en un mot, qu'il y a assez long-temps que le matérialisme existe de fait, qu'il y a assez long-temps que la force brutale, la ruse, le mensonge et la superstition gouvernent le monde, pour qu'il soit temps de rechercher les institutions sociales qui, par leurs enseignements, puissent faire triompher la souveraineté de l'esprit, amener le règne de l'intelligence, de la bonne foi et de la raison.

Comme de cette souveraineté de l'esprit sur la matière découle notre doctrine philosophique, et que cette doctrine est un peu contraire aux tendances de notre époque, nous nous réservons de donner plus de développement à cette proposition dans un autre chapitre. Cependant, nous dirons tout d'abord que, pour nous, le but de l'humanité ne devant pas être la recherche d'un bonheur parfait, mais bien d'un état social où ses membres puissent, le plus librement possible, développer les sublimes facultés qu'ils ont reçues de Dieu, le progrès humanitaire doit être dirigé de manière que ce qu'il y a en l'homme de plus élevé, de plus noble, puisse avoir assez de puissance pour contrebalancer ce qu'il y a également en lui qui le pousse à l'égoïsme, à la satisfaction de ses appétits brutaux, vices qui sont constamment alimentés par les besoins réels du corps et les sensations extérieures.

Quoique nous procédions ainsi, nous n'avons pas moins la ferme conviction que c'est la seule condition d'existence, non-seulement digne de la société humaine, mais même la seule capable de répartir à ses membres la plus forte somme possible de bonheur.

Nous voulons également le progrès moral et matériel, nous ne concevons même pas l'un sans l'autre; mais ce dernier n'étant autre chose que le progrès de la civilisation, ou si l'on veut des arts, du commerce, de l'industrie, et par suite du luxe, des mœurs frivoles et dissolues, nous pensons que, s'il n'était subordonné aux facultés de l'ame, source du bien et du beau, le genre humain s'avilirait et l'ordre social serait sans cesse menacé; donc, nous voulons aussi la moralisation.

Ce serait tout-à-fait méconnaître le grand œuvre de la création, que de vouloir arrêter le développement des arts, du commerce et de l'industrie; car, sans ces éléments de la prospérité matérielle des peuples, l'homme, être capable de vertu, ne pourrait exercer ses précieuses facultés. Seulement, nous le répétons, il faut subordonner au principe matériel, source de tyrannie, de misère et d'abjection, qui, jusqu'ici, a dominé le monde, le principe moral, source de justice, de bonheur, de dignité. Le fils de Marie a dit : « L'homme » ne vit pas seulement de pain, mais bien » de toute parole divine. » Paroles vraies, car l'homme a besoin de la nourriture de l'ame; il aspire à la réalisation du grand, du beau moral; c'est la connaissance de son origine, de son être, de sa fin qu'il lui importe de savoir. La Mennais, ce philosophe de notre époque, n'a-t-il pas dit : « En nous » sont deux êtres, *l'animal* et *l'ange*, et notre travail est de combattre l'un pour que » l'autre domine seul, jusqu'au moment où, » dégagé de son enveloppe pesante, il prendra son essor vers de meilleures et plus » hautes régions. » Ainsi, tous les grands hommes, tous les penseurs profonds, s'accordent à dire que l'homme ne doit pas seulement travailler en vue de sa destinée temporelle, mais en vue de sa destinée future.

Nous n'avons pas besoin de dire que le rationalisme des institutions politiques n'est pas pour nous le terme final du progrès, mais seulement un moyen capable de fortement contribuer à pousser les nations, l'humanité, à une organisation sociale qui puisse satisfaire à la fois les exigences de la nature matérielle de tous, sans altérer en rien les facultés sublimes qui, comme une empreinte, mettent sur le front de l'homme, en caractères inaltérables, qu'il est un être intelligent et raisonnable, reflétant sur la terre une parcelle de la sagesse divine.

III.

Dans l'examen auquel nous allons nous livrer, il est inutile de chercher à prouver cette vérité, aujourd'hui généralement reconnue, du moins tacitement, que tous les hommes sont égaux et frères. Et si cette vérité n'est pas encore mise en pratique, si elle n'est ni dans nos mœurs, ni dans nos institutions, il faut l'attribuer à l'ignorance des uns, à l'égoïsme des autres, à la corruption de tous. Il est donc inutile de dire que tout gouvernement qui repose sur le privilége, — que ce privilége s'appelle *argent* ou *naissance*, — viole la justice, la morale et l'équité ; qu'il est contraire aux desseins de Dieu de créer systématiquement des catégories parmi les humains ; car, tous étant enfants d'un père commun, ils sont tous égaux en droit ; de plus, ayant tous une fin particulière à atteindre, tous ils doivent concourir à l'œuvre humanitaire.

Comme nous l'avons déjà dit, considérant un gouvernement seulement comme un moyen capable de contribuer à changer les mœurs et les habitudes d'un peuple, nous allons chercher quel sera celui qui sera le plus propre à pousser la société à une régénération morale et matérielle ; — nous disons régénération, parce que nous avons la conscience que, depuis les temps connus, l'humanité a tourné dans un cercle vicieux ; — quel sera celui qui sera le plus habile à jeter les fondements de l'édifice social et religieux qu'attendent les générations futures, et aussi la génération actuelle.

La monarchie étant la forme de gouvernement la plus ancienne, c'est par elle que nous allons commencer notre examen. Aujourd'hui, nous connaissons deux espèces de monarchie, l'absolue et la constitutionnelle. Quoique nous ne fassions pas une grande différence entre ces deux formes de gouvernement, nous voulons bien cependant reconnaître un progrès dans la seconde, et les examiner séparément.

Sous une monarchie absolue, tout le pouvoir, toute l'autorité réside en un seul homme appelé roi. Ce roi est à la fois pouvoir législatif, pouvoir judiciaire, pouvoir exécutif, pouvoir administratif. Bien que chacun de ses pouvoirs puisse exister séparément et avec des attributions différentes, il ne s'ensuit pas moins que la source dont ils découlent tous réside en l'autorité royale; et alors ils ne peuvent réellement être qu'une partie de la royauté. Ainsi, ce souverain peut, suivant sa volonté, suivant son caprice, ou pour satisfaire les caprices de ses courtisans, disposer de la vie et de la fortune des citoyens. Et, pour fortifier cette puissance, pour lui donner aux yeux du peuple un caractère plus respectable, les ministres de la religion ont prêché que l'empire des destinées humaines appartenait de *droit divin* à certains individus, à certaines familles, qui se transmettraient ainsi jusqu'à extinction de race ce précieux héritage.

Pour quiconque étudie l'homme, l'humanité, il est facile de prévoir quelles conséquences monstrueuses et immorales devaient ressortir d'un pouvoir ainsi défini. En effet, lorsque l'inviolabilité du souverain est proclamée par une constitution donnée par un de ses aïeux ou par lui-même, qu'elle est sanctionnée par la religion; lorsque cette constitution assure à lui et à ses descendants la perpétuité de la domination, évidemment un pareil état de choses offre peu de garantie à la justice et à la morale. Voilà un homme, chef d'une nation, élevé dans ce principe que tout lui appartient, hommes et choses : quel emploi fera-t-il de sa puissance? Nous n'hésitons pas à le dire, il n'y a pas de puissance humaine qui puisse résister aux séductions d'une pareille position, et suivre une route droite et vertueuse. Il exploitera la nation comme on exploite une propriété quelconque. Pour satisfaire sa vanité, ce prélude des plus mauvaises passions, il se créera un brillant entourage, et cet entourage sera composé de gens avides et immoraux; il sera gorgé d'or et de priviléges, au préjudice de ce peuple qui anime l'industrie et féconde la terre de ses sueurs. Aux uns, il donnera des titres de noblesse, avec des terres et des droits iniques, odieux, sur ceux qui les cultiveront; aux autres, des provinces à gouverner, des armées à commander, et ils gouverneront et commanderont à la résidence royale ou dans leurs châteaux respectifs. Tous dilapideront la fortune publique; et, loin de prendre en considération les intérêts généraux de la nation, ils ne pourront élever leurs yeux au-delà de l'horizon royal, parce que leurs intérêts sont intimement liés à ceux de la royauté d'où proviennent et leur rang et leur fortune.

Par une conséquence rigoureuse de son

origine, de son principe, la royauté, et j'entends par ce mot toute l'administration, cherchera à corrompre tous les éléments sociaux; elle est poussée, par les influences qu'elle subit dans le milieu social où elle vit, à priver le peuple d'une saine instruction morale, à le plonger dans l'ignorance, et partant à l'entretenir dans une superstition dégradante. Une nation ainsi gouvernée porte en elle le germe de tous les abus, de tous les vices; tout chez elle est en souffrance, l'agriculture, l'industrie et surtout la science morale. Si parfois le gouvernement cherche à satisfaire les intérêts matériels du peuple, croyez que c'est afin d'avoir meilleur marché de ses intérêts moraux, comme de sa liberté, de sa dignité. Sous une monarchie absolue, les citoyens sont rangés en deux classes, ceux qui commandent et ceux qui doivent obéissance passive. Les uns commandent par droit de naissance, droit injuste et immoral; les autres obéissent par ignorance, comme des instruments mécaniques, tellement leur nature d'homme a été pervertie. Sans doute un peuple qui a besoin d'un gouvernement est toujours divisé en gouvernants et en gouvernés; mais il est un pouvoir qui s'allie avec la raison et l'équité : plus tard nous l'expliquerons.

La cour devient un foyer de vices et de corruption; la mollesse, le faste et l'opulence, condition presque forcée dans laquelle vit la royauté, ainsi que tous ceux qui lui tiennent de près ou de loin, paralysent chez eux le sentiment de la vertu, et les inspirations nobles et généreuses.

Pour eux, la réalité de la vie se résume en la satisfaction de tous les désirs, de tous les appétits sensuels ; et la société, en présence de tels exemples, malgré de nombreux efforts, se trouve bientôt envahie par ces divers éléments de corruption que vomit la cour avec tant d'abondance. Qu'on veuille se donner la peine de prendre l'histoire, et l'on y verra quel est le roi, quel est le courtisan dont la vie, dont la conduite est restée dans les limites, non pas de l'austère morale, mais même de cette morale facile à l'usage de notre siècle. On y verra avec quelle insolence l'adultère et aussi l'inceste se promenaient sur la couche royale comme sur celle des grands seigneurs; combien peu étaient respectés la pudeur des jeunes vierges et l'honneur des familles. Il est vrai qu'en gorgeant d'or et en comblant de faveurs celles et les familles de celles qui se prostituaient ainsi, on croyait avoir pleinement satisfait aux exigences de la morale! En France, sans parler de Louis XIV ni de Louis XV, dont la vie scandaleuse est trop connue, est-il, dans toute la lignée des rois absolus que nous avons eus, un seul règne qui n'ait été déshonoré par les désordres du souverain, par la dépravation des mœurs de la cour? Et ce que je dis pour les monarques de mon pays peut s'appliquer aux monarques de tous les peuples.

Donnez ensuite aux chefs des nations de larges prérogatives, ils sauront s'en servir au profit des bonnes mœurs ainsi que de la dignité humaine. Ce n'est pas parce que l'homme qui occupe un trône est né avec une plus malheureuse organisation que les autres hommes, qu'il est ainsi; mais bien parce qu'il vit dans un milieu social particulier, parce que son éducation, ainsi que celle de ceux qui partagent sa puissance, est vicieuse.

Ainsi, le centre gouvernemental, loin d'être un foyer d'où partent ces enseignements qui élèvent la pensée et dirigent l'intelligence humaine vers de hautes régions, ne peut-être que le foyer de l'immoralité, de la corruption. Quand un gouvernement est ainsi établi sur des bases aussi injustes que fragiles, il est facile de comprendre combien il importe à ceux qui disposent du pouvoir, de prendre des précautions, des mesures pour arrêter le progrès de l'esprit humain, pour détourner les hommes des études fortes et sérieuses. L'enseignement public est alors dirigé de manière à ce que l'intelligence ne puisse s'élever à ces hautes considérations de philosophie morale qui apprennent à l'individu à connaître ses droits et ses devoirs, mais bien à jeter dans son ame les germes d'une foi aveugle, basée sur des dogmes mystiques et ridicules, qu'il ne lui est pas permis d'examiner; ce qui fait de l'homme un instrument impuissant, et n'agissant que par autrui, reniant ainsi cette liberté morale donnée à chacun.

Si parfois l'esprit humain, déchirant un coin du voile qui l'enveloppe, veut chercher les éléments d'une autre croyance, d'une autre doctrine religieuse, on s'évertue bien vite à le détourner de cette voie, ou par une loi draconienne, ou par les impressions produites soit par des spectacles pleins d'illusions et de volupté, soit par un grand déploiement de luxe et de magnificence, impressions qui exercent sur l'imagination un prestige capable de détruire tout raisonnement, et qui, excitant la convoitise, réveillent les appétits sensuels de l'homme, le rendent ainsi esclave de ses besoins et incapable de grandes pensées. Il importe donc beaucoup à un gouvernement absolu d'assoupir l'activité spirituelle, ou de lui donner une fausse direction; car, s'il arrivait que le peuple fût assez éclairé de ses droits et de ses devoirs, la raison publique, produisant l'union fraternelle, aurait bientôt fait crouler cet échafaudage politique.

Malgré cette tutelle, malgré cet esclavage sous lequel on veut tenir la pensée, on ne parvient néanmoins jamais à la dégrader à un tel point qu'elle oublie tout-à-fait le sentiment de sa puissance et de sa mission; aussi donne-t-elle de temps à autre des signes non équivoques de son existence. Son apparition entraîne presque toujours, pour quelque temps du moins, de grands maux, de grands désordres, conséquence inévitable de cette torture dans laquelle la tiennent ceux qui, par calcul ou ignorance, ne veulent pas comprendre qu'elle doit être libre, parce qu'elle est sainte et partant inviolable.

Quel est le souverain absolu qui, pour satisfaire ce désir immoral qu'on appelle la gloire, ou pour assouvir des passions plus coupables encore, son orgueil et son ambition, ne violera pas les lois de l'humanité en portant la guerre et la dévastation chez un peuple qu'une rivière ou une montagne séparera de ses états? Et, ce qu'il y a de plus odieux encore, on entretiendra l'esprit public dans cette pensée que les peuples qui ne portent pas le même nom, qui ne parlent pas la même langue, sont des ennemis, des étrangers, qu'il leur est permis de s'humilier, de se massacrer à merci. Et cela, afin que le peuple gouvernable, préoccupé de ces haines nationales, détourne son attention des actes du peuple gouvernant.

Parlerons-nous de cette police secrète, auxiliaire obligée de tout pouvoir qui procède du privilége, dont la mission expresse est de pervertir tout sentiment moral? Oh! c'en est assez, ce gouvernement est trop connu! Ainsi, la monarchie absolue est essentiellement corruptrice et corrompue. La naissance est tout, le mérite rien; la bassesse et la servilité sont les seuls titres exigés pour occuper un emploi quelconque. Rappelons-nous encore que plus d'une prostituée a tenu les rênes de l'état.

Nous éprouvons le besoin de rappeler ici qu'il existe encore aujourd'hui en France un parti politique qui, nonobstant les enseignements de l'histoire, prétend que la monarchie française n'a jamais été absolue, que toujours elle s'est appuyée sur la volonté nationale.

En vérité, malgré le désir que nous avons de ne voir en nos adversaires, à quelque nuance qu'ils appartiennent, que des hommes de bonne foi, nous ne pouvons nous empêcher de dire que la *Gazette de France*, organe de ce parti, en tenant un pareil langage, montre de l'hypocrisie et de la déloyauté. Quoi! ce sont les assemblées connues sous le nom de Champ-de-Mars, de Champ-de-Mai, que vous osez appeler assemblées nationales! Mais vous savez trop que ces assemblées étaient le plus souvent composées d'une douzaine de grands vassaux, tant laïques qu'ecclésiastiques, et qu'ils se réunissaient, non pas en vertu d'une loi qui prescrivît leurs réunions, qui fixât leurs attributions, mais en vertu de la seule et toute puissante volonté du monarque. Qu'étaient encore, nous le demandons, ces états-généraux qui ne datent que du XIVe siècle ? N'était-ce pas encore la volonté, l'autorité royale qui les convoquait, alors qu'elle avait besoin de subsides, ou pour toute autre cause qui rendait sa position difficile? Les états-généraux de 89 même n'ont-ils pas été convoqués par la nécessité absolue où se trouvait le pouvoir royal de faire un appel à la bourse des citoyens? Remarquez que depuis deux cents ans ils n'avaient été convoqués. Or, pouvez-vous voir l'exercice d'un droit la où il dépend de la volonté, du caprice du monarque, d'empêcher cet exercice? Non. Prétendre le contraire, c'est tomber dans l'absurde.

Concluons donc que si la monarchie absolue a quelquefois donné à la nation un simulacre de représentation, ce n'est que lorsqu'elle y a été poussée par la nécessité.

IV.

Maintenant que nous avons démontré, d'une manière brève et rapide, qu'une monarchie absolue ne peut amener que des résultats funestes, aussi bien pour la stabilité de l'ordre social que pour la destinée humanitaire ; qu'elle est, par sa nature même, à moins de se suicider, c'est-à-dire de faire abnégation du *moi gouvernemental*, poussée à paralyser les efforts que fait un peuple pour conquérir une condition d'existence, de raison et de sagesse, nous allons passer aux conséquences, et pour le progrès moral et pour le progrès matériel, de cet autre gouvernement hermaphrodite appelé constitutionnel, empruntant à l'absolutisme et à la démocratie.

Nous l'avons déjà dit, la monarchie constitutionnelle est pour nous un progrès accompli dans les institutions politiques; mais elle ne peut être qu'un fait essentiellement transitoire, parce qu'elle ne repose pas sur des principes radicalement vrais ou radicalement faux. Cependant, certains esprits voulant en faire le type des gouvernements futurs, nous allons essayer de démontrer qu'elle ne peut porter que des fruits amers et dangereux.

Quand un gouvernement, qui n'est autre chose que le directeur d'une société malade, puisque le rationalisme même des institutions politiques ne doit pas être le terme de la perfectibilité, repose sur un principe d'exclusion et de privilége, soit que ce privilége s'appelle *naissance* ou *fortune*, il ne peut satisfaire tous les besoins, tous les intérêts, et encore moins propager la vraie science sociale, parce que ce serait travailler à sa ruine, et il n'est pas dans l'ordre naturel des choses qu'un gouvernement, qui est un être moral, se dépouille, tout-à-coup et de plein gré, d'une possession qu'ont légitimée l'habileté des uns et l'ignorance des autres.

Pour qu'un pouvoir contraire aux lois de la justice et aux lois de Dieu puisse être à jamais détruit, il faut que la raison, appuyée sur la vertu, vienne lui porter ses coups.

Il est dans la nature de tout gouvernement de chercher à consolider sa puissance, à assurer son existence, et quelle que soit la limite de ses attributions, de ses prérogatives, il ne négligera aucun moyen de s'en servir pour diriger l'esprit public de manière à ce que son origine et sa puissance ne soient pas contestées.

Il lui importe peu que le genre humain reste dans une condition indigne de sa nature; il lui importe peu que tous les avantages sociaux soient l'apanage de quelques familles, pendant que le plus grand nombre des citoyens est dans une profonde misère, ces deux principales causes des grands maux, des grands désordres, et aussi d'abjection; ce qui lui importe, avant tout, c'est son existence.

Ainsi tout gouvernement n'émanant pas de toutes les forces sociales, ayant un intérêt distinct de celui de la nation, ne peut logiquement produire que des effets funestes, dans l'ordre moral comme dans l'ordre physique, alors même qu'il s'appuie sur une chambre représentative dont les membres sont nommés en vertu d'une loi d'exclusion et de monopole.

En France, depuis un quart de siècle, nous avons une monarchie constitutionnelle héréditaire, à la tête de laquelle se trouve un roi, jouissant d'une liste civile considérable, nommant les ministres, disposant de tous les emplois civils et militaires, ayant le droit de faire la guerre ou la paix, la faculté de donner ou refuser sa sanction aux lois confectionnées par les deux chambres, lesquelles ne peuvent être promulguées sans ce visa, le droit de faire grâce, etc.; puis un corps législatif dont les membres sont nommés par cent quatre-vingt mille électeurs payant deux cents francs d'impôt, — ce corps législatif discute, rejette ou adopte les lois présentées par les ministres de la couronne ; — et enfin une chambre des pairs dont les membres sont nommés par le roi, qui revise les lois faites par la chambre élective et les rejette si bon lui semble.

N'en déplaise à messieurs les admirateurs de ce gouvernement modèle, comme on l'appelle dans les hautes régions du pouvoir, nous nous voyons obligé de déclarer que ses conséquences nous paraissent aussi impuissantes que celles de la monarchie absolue pour imprimer à la société un caractère de dignité morale et partant de grandeur matérielle, c'est-à-dire de telle façon que les avantages sociaux soient aussi équitablement que possible répartis entre tous.

Quels résultats avantageux peuvent avoir

des institutions politiques proclamant que, pour être aptes à prendre part aux affaires publiques, il faut jouir d'une certaine somme de revenu, qu'il faut verser annuellement dans la caisse du fisc une somme de deux cents francs? N'est-ce pas sanctionner cette doctrine injuste et immorale que la richesse tient lieu de capacité, de discernement et surtout de moralité, comme si elle n'était pas l'agent le plus actif de cette démoralisation qui travaille notre société? Est-il donc besoin de dire que la fortune, dans notre état social, est le plus souvent la récompense d'un égoïsme sordide, de manœuvres souvent coupables même aux yeux de la justice humaine?

N'est-ce pas ériger en principe que la fortune fait la considération, puisqu'on n'accorde une importance politique qu'à ceux qui possèdent beaucoup? Comment voulez-vous que la société entre dans une voie d'équité et de vertu, alors qu'on lui enseigne que ce qui est l'instrument de l'avilissement de l'ame, de la corruption des hommes, est la seule condition exigée pour jouir des prérogatives de citoyen? car n'est pas citoyen celui qui, comme l'Ilote de Lacédémone, est privé de ses droits politiques.

Comment voulez-vous que la probité, le dévouement, la charité et le désintéressement ne viennent se briser contre cette maxime écrite sur le frontispice de notre constitution : *Pour être électeur il faut payer deux cents francs d'impôt?*

Faut-il s'étonner, après cela, qu'une nation qui reçoit de pareils enseignements se précipite avec tant de fureur dans le jeu, l'agiotage, ainsi que dans toutes les entreprises aventureuses, sans être arrêtée devant aucun des moyens flétris par la raison et réprouvés par l'éternelle morale? Faut-il s'étonner qu'entièrement préoccupés d'idées positives, les hommes ne croient plus ni à Dieu, ni à la loyauté, ni à la vertu, qu'ils ne croient qu'à la puissance de l'or, cet agent de toutes les mauvaises passions? Il y a plus, c'est que des institutions semblables établissent une ligne de démarcation entre les citoyens de la même nation, les habitants de la même commune, détruisent l'union fraternelle en faisant naître l'envie et la haine dans les rangs de ceux que, comme des parias, on repousse du banquet politique.

Qu'on ne s'étonne pas ensuite de ces catastrophes qui viennent si souvent agiter l'ordre social et plonger les familles dans les larmes et la désolation.

Qu'on veuille bien se persuader que, si l'exercice des droits politiques, ne donne pas immédiatement une existence assurée, il peut calmer bien des jalousies, bien des haines, en procurant une espèce de satisfaction à ceux qui sont mal favorisés d'ailleurs.

Vient ensuite la pairie qui, par son origine, offre encore bien moins de garanties à la liberté et à l'intérêt public; car il est bien évident que, nommé par le pouvoir royal, ce corps ne peut être composé que de ses créatures, et, conséquemment, n'avoir d'autres désirs, d'autres vœux.

Qui ne comprend déjà que la royauté,

avec sa liste civile, avec ses larges prérogatives, peut exercer une influence immense sur toutes les branches de l'administration, et partant sur la marche de l'esprit humain? Et disons tout d'abord que l'éclat de la représentation exerce un bien funeste empire sur la raison humaine; que tout ce qui flatte les sens produit sur notre pauvre nature une impression funeste pour notre dignité et notre moralité.

Un peuple encore à l'état de sentiment est promptement fasciné par ce qui se présente à lui entouré d'éclat et de magnificence; sous l'empire d'un charme, il ne raisonne plus; il croit que les hommes ne sont grands et dignes de vénération que lorsqu'ils sont vêtus d'habits brodés et habitent des palais reluisants d'or. Et, croyez-le, ce n'est pas toujours pour flatter la vanité du monarque, que, dans les cérémonies publiques où il assiste, on déploie tant de luxe; c'est aussi parce que l'on connaît le prestige qu'il exercera et tous les résultats qui en ressortiront.

La royauté disposant de tous les emplois, Dieu sait quel puissant moyen de corruption elle peut en faire ; Dieu sait à combien de bassesses expose les hommes une pareille puissance dans les mains d'un seul. L'hypocrisie, l'intrigue, la prostitution même, rien ne sera négligé pour pouvoir obtenir un emploi quelconque dans l'administration. Ensuite, ne soyez pas étonnés que les fonctionnaires publics jouissent de si peu de confiance et de respect. Peut-il en être autrement, puisque tous les hauts fonctionnaires sont des hommes le plus souvent inconnus, étrangers à la localité confiée à leurs soins? Et s'ils ont des affections à ménager, à coup sûr, ce ne sont pas celles de leurs administrés, mais celles de celui de qui ils tiennent tout, leur fortune et leur position, du roi enfin.

Nous savons qu'il peut y avoir des exceptions, mais ce sont des faits généraux qu'il nous importe d'examiner. Ainsi, avec une puissance semblable, il est facile d'enchaîner et l'indépendance de la chambre des députés et celle de la chambre des pairs.

Ce n'est pas tout, ces sommes provenant de la fortune publique, que le gouvernement peut distribuer à propos d'un évènement malheureux, d'une fête royale, de la naissance d'un prince, ces bourses que l'on fonde dans les colléges, dans les écoles militaires, ces livrets pris dans les caisses d'épargnes au profit de quelques individus, ces subventions accordées aux beaux-arts, à la littérature, à la presse politique, sans oublier les fonds secrets, ah! croyez que ce sont autant d'instruments qui peuvent servir de moyens de corruption, et avoir des conséquences bien fâcheuses pour la liberté d'un peuple comme pour sa moralité. Croyez que ces dons n'ont, bien souvent, qu'une apparence de générosité. Ils sont faits en vue de bien plus grands avantages, comme de se faire des créatures, de conquérir la confiance publique au prix d'un or provenant des sueurs du peuple. Oui, c'est à de pareils moyens qu'en est forcément réduit tout gouvernement qui n'est pas l'expression de la volonté générale; c'est par des mesures de ruse, d'habileté et de corruption, qu'il peut parvenir à maintenir tant bien que mal son existence.

Quant à l'instruction supérieure, cet élément indispensable à l'homme pour qu'il puisse accomplir sa destination, elle ne peut être que l'apanage de quelques familles privilégiées par la fortune; tandis qu'un gouvernement qui serait à la hauteur de sa mission devrait la rendre accessible à tous et la donner gratuitement. Au lieu d'entretenir une armée aussi formidable que celle qui absorbe la somme énorme de 350 millions, au lieu de prodiguer de gros traitements ainsi que des frais de représentation à quelques hauts fonctionnaires qui pour la plupart sont inutiles, puisque tous ils ont des employés immédiats chargés de diriger leur administration, traitements et frais de représentation qui ne servent qu'à répandre un éclat funeste aux bonnes mœurs, dont en bonne politique tout fonctionnaire devrait être le directeur ; au lieu de donner de fortes subventions à certains théâtres où les spectacles offerts au public n'ont d'autre résultat que d'efféminer les âmes, de neutraliser toute énergie morale en frappant l'imagination par des impressions frivoles et voluptueuses, ne serait-il pas mieux de fonder partout des écoles supérieures? Mais nous comprenons encore ce moyen de gouvernement, parce que l'homme qui est sous l'empire des plaisirs des sens s'enveloppe dans un impassible égoïsme ; véritable sybarite, il coule sa vie dans la mollesse et la lubricité, et sa pensée ne peut plus s'élever à ces considérations de destinée humanitaire, à l'accomplissement de laquelle chacun doit travailler suivant ses talents et sa position.

Suivant nous, le théâtre pourrait être un puissant élément de moralisation ; mais pour cela il faudrait que la littérature, loin d'encenser les grands du jour ainsi que l'opinion, au lieu de viser à un résultat d'argent, devançât l'opinion publique et lui traçât le chemin de la vraie grandeur. Si toutes les sommes provenant du revenu public, que nous trouvons mal employées au point de vue où nous nous plaçons, étaient consacrées à l'organisation d'un vaste système d'enseignement public, chacun pourrait profiter des bienfaits de l'instruction intellectuelle et morale.

Somme toute, le pouvoir constitutionnel, comme le pouvoir absolu, ne peut, par une rigoureuse conséquence de son principe, que paralyser la marche du progrès social, que favoriser les intérêts particuliers au préjudice des intérêts généraux ; il ne peut enfin que matérialiser la société soumise à son action. Comme la royauté absolue, il lui est bien difficile de ne pas être le centre de la servilité et de l'immoralité.

Nous pourrions appuyer cette allégation du tableau qu'a fait des gens du parti de la cour actuelle un journal dont le dévouement à l'ordre de choses existant est de notoriété publique.

Nous reconnaissons qu'un gouvernement de monopole peut bien quelquefois faciliter le mouvement civilisateur d'un peuple ; nous reconnaissons qu'il peut aider le développement des arts et de l'industrie, c'est-à-dire du progrès matériel ; mais nous reconnaissons aussi que le progrès matériel, sans son correctif, le progrès moral, ne peut avoir que des conséquences aussi funestes à l'ordre social qu'à la dignité et à la liberté d'un peuple. Car la satisfaction exclusive des intérêts matériels entraîne à sa suite le développement de toutes les mauvaises passions que renferme le cœur humain. De nos jours, la société est tellement envahie par l'industrialisme que si une forte autorité morale ne vient lui opposer une barrière, on ne connaîtra plus que le côté matériel et positif de la vie.

On nous dira : Mais ce gouvernement s'appuie sur la religion à qui appartient le droit de diriger les besoins moraux de l'humanité. A cela nous répondrons : Les prêtres du catholicisme ne sont pas tellement dégagés des influences mondaines qu'ils ne sacrifient souvent les intérêts de la morale à la satisfaction de quelques faiblesses humaines. Du reste, le catholicisme a toujours à son service certaines maximes infaillibles pour façonner au joug de l'esclavage et le corps et l'intelligence, et il suffit qu'un gouvernement ait besoin de son influence pour qu'elle ne lui manque pas. Qu'on veuille ne pas perdre de vue que jusqu'ici l'instruction morale a été exclusivement le partage de l'institution catholique, et cependant notre époque témoigne assez de son impuissance à rendre les hommes probes et vertueux.

Nous ferons remarqner que nous distinguons le catholicisme du christianisme ; car celui-ci, dégagé des interprétations qu'on lui a données en prenant à la lettre ce qui n'était que métaphorique, est la doctrine religieuse la plus capable d'élever la pensée sans repousser la raison ni nuire à la liberté.

Quoique les peuples aient été jusqu'à

présent gouvernés par des éléments s'opposant à leur amélioration morale et matérielle, il faut admirer cette sagesse providentielle, c'est-à-dire ces lois générales qui dirigent le monde moral comme le monde physique, lois générales, du moins pour le monde moral, qui sont le résultat de ces facultés que la divinité a réparties à chacun ; il faut admirer, avons-nous dit, cette sagesse providentielle qui ne permet pas que la société, sur le bord de l'abîme, s'engloutisse tout-à-fait. En effet, il y a encore dans le corps social des germes qui peuvent porter des fruits précieux ; toute énergie morale, tout sentiment généreux n'est pas encore éteint ; il suffit, pour le réveiller, que ceux qui comprennent la vraie destinée du genre humain, qui souffrent de l'état d'abaissement et d'abjection dans lequel il est resté plongé pendant si longtemps, se livrent sans relâche à la recherche des causes qui peuvent s'aider à le réhabiliter.

V.

Après avoir déduit, des institutions politiques généralement établies, des conséquences tout-à-fait incapables d'élever la nature humaine, de produire de grands caractères, et incapables aussi de répartir à tous d'une manière équitable les avantages sociaux, nous allons essayer d'examiner si un gouvernement rationnellement démocratique ne peut, nous ne dirons pas régenter à lui seul une nation, mais puissamment contribuer à lui imprimer des mœurs fortes et simples relativement à son état de prospérité matérielle.

Sans doute il faut à un gouvernement démocratique comme à tout autre une doctrine philosophique ou religieuse dont les enseignements soient justes et profonds, car sans idées religieuses il n'y a pour l'humanité ni dignité ni bonheur. Seulement nous pensons qu'une administration gouvernementale puisant toute sa puissance en la volonté nationale, s'appuyant sur toutes les forces sociales, n'ayant qu'un pouvoir temporel et de courte durée, des attributions très-limitées, nous pensons qu'un gouvernement ainsi constitué n'est pas fictivement, mais réellement, le mandataire de la nation, — et qu'alors il ne peut en aucune manière employer sa puissance, d'ailleurs excessivement limitée relativement à celles d'un gouvernement absolu ou constitutionnel, à acheter la conscience, à semer des largesses pour se faire des créatures, — et surtout qu'il n'aura aucun motif, aucun intérêt à empêcher la propagation d'une doctrine religieuse qui veut faire de l'homme un être digne de Dieu et capable de vertu, — qui veut en un mot lui faire connaître ses droits et ses devoirs, et non les uns sans les autres.

On comprend que c'est le suffrage universel que nous désirons. On nous objectera certainement que le vote universel ouvrira à l'intrigue une vaste carrière, et qu'alors mieux que jamais les gens riches pourront violenter les consciences par l'appât de quelques pièces d'or ou par tout autre moyen. Bien certainement un gouvernement démocratique n'amènera pas de suite tous les résultats dont il est susceptible; d'abord parce que le progrès humanitaire ne sera arrivé à son terme que lorsque tous les peuples du globe seront unis par une communauté de sentiment et de croyance, que lorsque la fraternité de tous les hommes ne sera plus un vain mot (et avant que l'humanité ait atteint ce degré, les générations qui nous relayerons dans la vie, pas plus que nous, mais moins que nous, ne seront pas sans avoir à lutter); ensuite parce que nous sommes les premiers à reconnaître qu'il se trouvera, parmi les nouveaux appelés à jouir de la vie publique, des hommes qui, par nécessité ou ambition, seront poussés à transiger avec leur conscience.

Mais comme le mandat que les électeurs auront concédé aux chefs de l'état ne sera pas de longue durée (selon moi, la durée du mandat du souverain doit être de deux ans), et si, pendant ce court espace de temps, ils avaient abusé de leur pouvoir, soit pour violer les lois de la justice ou outrager celles de l'éternelle morale, ceux des électeurs qui se seraient laissé influencer par des considérations d'intérêt personnel, auraient à souffrir des abus que le nouvel ordre de choses aurait fait revivre; alors ils feraient un retour sur eux-mêmes, et reconnaîtraient que leurs habitudes de débauche, leur égoïsme et leur cupidité sont les principales causes de la vénalité de leurs votes, et que ces votes ont contribué à faire de mauvais choix. Ils exerceraient une vigilance sévère sur leur conduite, et aux élections suivantes ils ne donneraient leur suffrage qu'à ceux qui leur paraîtraient dignes d'être investis d'un caractère public. Au reste, plus le nombre des électeurs serait considérable, plus il serait difficile d'acheter assez de voix pour obtenir une nomination ; ensuite il existe dans les masses un instinct de vertu et de discernement qui les préserve de la corruption et les porte rarement à faire de mauvais choix. Si nous ajoutons à ces considérations que la justice et la moralité seraient les seuls titres pour jouir de la considération publique, que ceux qui seraient frappés d'une condamnation flétrissante, à moins d'une réhabilitation acquise par de belles actions, seraient privés de l'exercice de leurs droits de citoyens, nous devons espérer d'heureux résultats.

D'ailleurs, pour qu'un emploi soit brigué et porte celui qui le désire à faire de grands sacrifices, il faut qu'il présente de grands avantages. Or, en serait-il ainsi sous une démocratie comme nous l'entendons? Les chefs de l'état recevraient un traitement honnête, mais sans sortir des limites d'une équitable distribution de la fortune publique; tous les emplois, toutes les fonctions publiques seraient soumises à l'élection, il ne leur serait donc pas possible de se faire des créatures parmi ceux qui désireraient des places. Ainsi, d'un côté, il y aurait beaucoup de difficulté à faire de sa puissance un usage coupable, puisqu'elle serait circonscrite dans des limites très-étroites; d'un autre côté, toutes les fonctions quelconques offrant peu d'avantages matériels, tout naturellement on intriguerait peu pour les obtenir. On objectera peut-être à cela que la société ne trouvera pas de fonctionnaires si elle ne les rétribue pas largement. Qu'on se rassure, lorsque la société, par les institutions qu'elle se sera données, mettra à l'ordre du jour le dévouement et la vertu, des hommes ne manqueront pas qui accepteront une nomination qui sera la plus haute marque d'estime que leurs concitoyens puissent leur témoigner.

VI.

Voyons donc un peu quelles peuvent être ces conséquences de la démocratie. La démocratie est une forme de gouvernement qui reconnaît à tous les mêmes droits sans autre distinction que l'honneur et la probité; résumant toutes les positions sociales, elle est l'expression de tous les intérêts, de tous les vœux, de tous les besoins. C'est déjà, d'un côté, proclamer ce symbole divin de la fraternité humaine; de l'autre, c'est harmoniser toutes les parties du corps social. Quelle immense différence il doit y avoir entre les conséquences d'un gouvernement semblable et celles d'un gouvernement dont le privilége et l'exclusion sont la base fondamentale! Tandis que l'un trace une ligne de démarcation entre les citoyens, qu'il prive de la jouissance de son droit politique celui que la naissance ou le sort de la fortune a réduit à traîner une existence de misère et de labeur, l'autre, au contraire, en attendant que ses institutions aient pu donner à la société une direction plus morale, plus équitable, en attendant qu'elles aient amené une répartition plus égale de la fortune publique, lui offre au moins cette consolation de pouvoir dire : Quoique pauvre, j'ai sur les affaires publiques une influence aussi grande que mon voisin qui est riche. Mais, nous dira-t-on, ces hommes que vous voulez rendre électeurs n'auront ni le temps de se rendre aux élections, ni la persuasion que leur démarche puisse leur procurer du pain s'ils en manquent. Parmi ceux qui tiennent ce langage, quelques-uns peuvent être de bonne foi, mais beaucoup sont mus par un sentiment de vanité ou d'intérêt. Quoi qu'il en soit, il est facile de répondre à ces deux objections. Quant à la première, nous dirons qu'il suffit que j'aie la faculté d'exercer un droit pour que je sois satisfait; si je ne me rends pas aux élections, c'est qu'il me plaît de ne pas y aller. Quant à la seconde, il est vrai que le droit de voter ne donne pas immédiatement du pain à ceux qui n'en ont pas; mais il est certain que l'égalité politique, par ses conséquences morales et matérielles, amène une aisance plus générale, et cela est facile à comprendre. Quand tous les intéressés à une chose sont appelés à diriger cette même chose, évidemment il y a des garanties pour tous, les intérêts de chacun sont ménagés et protégés. Or, dans un état, tous les citoyens, depuis le plus pauvre jusqu'au plus riche, sont intéressés à veiller aux affaires publiques.

Nous ne citerons qu'un exemple à l'appui de ce que nous avançons. Qui ne sait qu'avant la révolution de 89, cette aristocratie financière ou la bourgeoisie qui aujourd'hui dispose des destinées de la France, et qui a remplacé l'aristocratie nobiliaire d'alors, ne doit son élévation sociale qu'à l'exercice de ses droits politiques? Qui ne sait que sans cette mémorable révolution beaucoup des électeurs actuels seraient encore attachés à la glèbe, et tous taillables et corvéables à miséricorde? Si les droits politiques concédés à quelques-uns ont pour résultat inévitable de fonder une aristocratie, il n'en serait plus de même s'ils étaient accordés à tous; car les besoins et les intérêts communs seraient également favorisés. Au reste, nous dirons avec La Mennais : « Toujours il y aura des maux sur la terre, et ces maux devront être soulagés toujours. » Paroles vraies, car les hommes ne peuvent jouir sur la terre que d'un bonheur infiniment borné; ce qu'il leur faut, avant tout, c'est une condition d'existence où ils puissent librement cultiver leurs facultés morales et intellectuelles.

D'après une économie politique bien entendue, les intérêts généraux d'un peuple étant essentiellement liés aux intérêts généraux des autres peuples, aucune entrave ne serait plus apportée à la liberté du commerce et de l'industrie; les échanges entre les nations seraient aussi faciles qu'entre les habitants de villes différentes. Quels ne seraient pas les immenses avantages qui résulteraient d'un état de choses pareil pour le développement de l'agriculture, cette source intarissables des choses indispensables à l'homme! Eh bien! nous vous le demandons, quel gouvernement autre que la démocratie peut entendre ainsi l'économie sociale? Emanant du vœu général de la nation, elle ne peut avoir d'autres intérêts que ceux de la nation; et les intérêts généraux d'un peuple étant liés aux intérêts généraux des autres peuples, il s'ensuit que nous ne verrions plus ce système de prohibition qui ne favorise que les matadors de l'industrie.

Un gouvernement étant institué pour protéger la société contre les catastrophes brutales, pour régler les différends qui inviennent entre les citoyens dans leurs relations privées, et surtout pour la lancer dans une voie capable de la conduire à ses fins, il doit être assez fort et assez juste pour la préserver des unes et la faire jouir de l'autre.

Le gouvernement qui tient sa puissance de tous n'a pas à redouter ces violentes secousses qui ébranlent l'ordre social jusque dans ses fondements; car, étant l'ouvrage de chacun, chacun est intéressé à ne lui faire subir que les modifications amenées par le temps et le progrès des idées. Nous n'aurions plus ces rivalités, ces jalousies qui divisent et rendent hostiles les uns aux autres les habitants de la même commune, de la même ville.

Nous n'aurions plus besoin de cette police secrète dont l'existence est une honte pour l'humanité, attendu que les complots, les sourdes conspirations ne seraient plus possibles, le pouvoir étant inféodé à la nation, et, par conséquent, désirant comme elle son amélioration morale et physique; et aussi la pensée jouissant d'une entière liberté, toutes les questions se trancheraient par la discussion.

L'intervention de la force brutale dans les discordes humaines serait une anomalie, une monstruosité. La loi serait rarement enfreinte, elle imposerait plus de respect; car, étant l'expression de la volonté générale, étant le résultat des lumières et du jugement de chacun, on a de la peine à concevoir que l'application de ses dispositions ne reçût pas toujours l'assentiment de l'opinion publique.

Les fonctionnaires publics, ces auxiliaires indispensables à tout pouvoir politique, choisis et nommés dans leur localité respective par la volonté générale de leurs concitoyens, quelles garanties de probité et de moralité n'offriraient-ils pas? Seraient-ils obligés, pour attirer à eux la confiance et le respect dus à leur rang, de chercher à exercer l'empire du prestige par l'éclat d'un habit et le luxe de la représentation? Evidemment non. La confiance et le respect leur sont acquis par le fait seul de leur nomination. Ainsi, point de méfiance entre les gouvernants et les gouvernés, méfiance qui jusqu'ici a occasionné de si cruels événements dans nos cités.

Les institutions démocratiques ont aussi une grande influence pour donner à un peuple le caractère de la vraie dignité, de la vraie sagesse. En effet, en sanctionnant que tous les hommes sont égaux et frères, en n'exigeant pour la qualité de citoyen actif que la seule condition de probité, n'est-ce pas faire appel à tout ce que le cœur humain renferme de noble, de généreux? N'est-ce pas flétrir la cupidité, fruit de ces institutions politiques qui partent de ce principe, que, quelle que soit la vertu d'un homme pauvre, il ne saurait avoir une valeur égale à l'homme riche criblé de vices? N'est-ce pas bannir le luxe immodéré, résultat d'une organisation sociale où tous les avantages, tous les droits sont l'apanage de quelques familles privilégiées; tandis qu'il ne reste à la classe nombreuse et intéressante des travailleurs, le plus souvent, d'autre alternative que la servilité, la misère ou la prostitution? Et l'égoïsme, de quel coup ne serait-il pas frappé, alors que rien dans les institutions ne lui offrirait un refuge, un appui?

Quand les institutions politiques, d'accord avec l'opinion publique, flétriraient tous ces moyens déloyaux employés pour arriver rapidement à la fortune, verrions-nous tant d'intrigue, tant de ruse, tant de friponnerie, —le mot est juste,— dans les relations sociales? Lorsque les enseignements politiques, basés sur la raison et la philosophie, apprendraient aux hommes tout ce qu'il y a de ridicule et d'immoral à consacrer sa vie à ramasser des richesses, et surtout l'empire corrupteur qu'elles exercent, verrions-nous l'activité intellectuelle dépensée à élever un culte à l'argent, ce veau d'or des temps modernes? Ne verrions-nous pas, au contraire, une tout autre stimulation, à savoir, la recherche des titres nécessaires à la considération, comme la sagesse, la justice et le dévouement?

Or, en reconnaissant à tous le droit de participer au maniement des affaires publiques, sans autres conditions qu'une bonne conduite, chacun s'efforcerait de réformer ce qu'il y aurait de vicieux dans ses mœurs, dans ses habitudes, afin de ne pas être frappé d'une exclusion qui, dans cette circonstance, serait une véritable flétrissure.

Nous l'avons déjà dit, nous voulons la souveraineté de l'esprit sur la matière; que telle était, suivant nous, la condition d'existence imposée à l'humanité, et à laquelle elle devait arriver par une suite continuelle d'efforts.

Nous voulons la souveraineté de l'esprit sur la matière, parce que, désirant que l'homme ait toujours présente sa destinée future, nous désirons aussi lui rendre plus faciles les moyens nécessaires à l'accomplissement de sa destinée terrestre; ce qui revient à dire que nous voulons que la liberté morale dont il est doué rencontre moins d'obstacle à entrer dans la route du bien; ce qui revient à dire aussi que, l'esprit dominant la matière, il mettrait plus de sagesse dans ses désirs, dans ses besoins, et jouirait ainsi sur la terre d'une plus forte somme de bonheur.

Le gouvernement démocratique nous paraît devoir contribuer puissamment à amener cette domination spirituelle, tout chez lui donnant l'exemple de l'équité, de la vertu.

La démocratie, tout en satisfaisant les besoins moraux, satisfait aussi les exigences corporelles, et nous avons déjà dit que nous ne voudrions pas l'un sans l'autre; car, si les arts, le commerce et l'industrie ne recevaient pas tout le développement dont ils sont susceptibles, les facultés morales de l'homme ne pourraient pas, non plus, recevoir leur entier développement; ce qui veut dire que nous voulons la civilisation et la moralisation, mais celle-ci cherchant à dominer celle-là.

VII.

L'instruction, cet élément sans lequel il est impossible à l'homme de faire usage des nobles facultés qui lui ont été départies, pourrait, sous un pareil gouvernement, prendre un prodigieux développement. Avec un budget comme celui que paie la France, par exemple, il serait facile d'établir sur tous les points du territoire des établissements, non-seulement pour l'instruction élémentaire, mais aussi pour l'instruction supérieure; par instruction supérieure nous entendons un enseignement comprenant toutes les connaissances nécessaires au développement des facultés morales et intellectuelles, et donné à tous gratuitement.

Nous comprenons bien que, pour établir un enseignement public sur une échelle aussi vaste, il faudrait donner aux deniers publics une autre direction que celle qu'ils ont reçue jusqu'ici. Pour cela faire, il faudrait partir d'un principe tout-à-fait opposé à celui généralement adopté. Jusqu'à présent on a cru que, pour relever la dignité du chef de l'état et aussi celle de la nation, il fallait que, dans des circonstances données, le souverain pût en imposer par l'éclat de la représentation; de là la nécessité d'une énorme liste civile, de là la nécessité d'un nombreux personnel de courtisans.

L'exemple étant donné pour le premier chef de l'état, il a fallu le suivre pour les fonctionnaires supérieurs, soit dans l'ordre civil, soit dans l'ordre militaire; de là encore la nécessité des gros traitements et des frais de représentation. Nous avons déjà dit quelles conséquences funestes un tel état de choses pouvait avoir.

Eh bien! si, au lieu de partir du principe que nous venons de signaler, on reconnaît que la dignité d'un chef de l'état ne peut être rehaussée que par l'éclat de ses vertus et la loyauté de son caractère, et aussi qu'une nation n'est grande et forte que lorsque ses membres vivent dans l'amour de l'ordre, de la justice, du travail et de la sagesse, les fonds publics, loin d'être employés à satisfaire l'orgueil et les passions de quelques familles, seraient généralement consacrés à des emplois utiles, à l'amélioration morale, intellectuelle et matérielle du peuple. Alors il serait facile à un gouvernement de faire jouir tous les citoyens du bienfait de l'instruction.

En effet, au point de vue où nous nous plaçons, et qui sera approuvé par tous les hommes sensés, serait-il nécessaire de donner vingt millions au souverain? Serait-il nécessaire de donner à certains fonctionnaires publics des traitements de cinquante mille francs et même de deux cent mille francs? Serait-il nécessaire d'entretenir une armée permanente et formidable qui absorbe la somme immense de trois cent cinquante millions? Et ainsi de toutes les autres branches de l'administration. Evidemment non.

L'instruction qui n'aurait pour objet que la connaissance des sciences humaines, amènerait des résultats bien imparfaits, si une instruction morale d'une haute portée philosophique n'était en même temps jetée dans l'esprit de l'homme, car ce serait un corps sans ame. Mais quel est le gouvernement qui peut faire jouir la société des bienfaits de l'une et de l'autre? Quel est le gouvernement qui, par la nature même de son origine, ainsi que par une conséquence logique de son principe, n'est pas poussé à employer une partie de la fortune publique à se créer des appuis, des soutiens, et qui surtout n'a aucun intérêt à refuser à la société une doctrine religieuse dont les enseignements soient profonds et raisonnables, si ce n'est le gouvernement démocratique ? En effet, étant l'expression de la volonté générale, étant inféodé à la nation, il ne peut avoir d'autres désirs, d'autres besoins, ni d'autres intérêts. Or, un pouvoir politique ainsi constitué ne peut que favoriser un enseignement religieux dont le but est d'apprendre aux hommes leurs droits et leurs devoirs. Il faut aux hommes, il faut à l'humanité une religion dont les préceptes soient tellement profonds et raisonnables qu'ils puissent rallier dans une foi commune toutes les intelligences. Mais, va-t-on nous répondre, est-il besoin d'une religion nouvelle? le catholicisme n'est-il pas celle que vous cherchez ?

Nous l'avons déjà dit, distinguant l'administration catholique du christianisme, celui-ci, dégagé du caractère mystique et superstitieux que les prêtres lui ont donné, est, pour nous, une doctrine dont les enseignements moraux sont d'une éternelle vérité. Le christianisme repose sur ces deux dogmes, l'existence de Dieu et l'immortalité de l'ame, vérités qui se prouvent et par l'étude de l'homme, de l'univers, et par tout ce qui existe indépendamment de la volonté humaine. Ces deux dogmes, on peut le dire, sont instinctivement gravés dans l'esprit de tous les peuples; mais l'ignorance et la superstition s'étant partagé l'empire du monde, elles en ont tiré et en tirent encore des conséquences bizarres et ridicules. Ainsi, *existence de Dieu et immortalité de l'ame,* dont il est facile de déduire la morale enseignée par le christianisme, telle est la religion capable d'élever la nature humaine, de lui faire connaître sa vraie destinée.

Le pouvoir politique, quoique devant diriger l'esprit public, ne doit pas pour cela s'emparer du monopole de l'enseignement. Son devoir, à lui, est d'organiser des établissements gratuitement accessibles à tous; mais liberté entière doit être laissée à l'enseignement aussi bien qu'à la presse. Sa mission est d'imposer seulement par l'autorité de l'exemple tout ce qui peut consolider l'édifice social et favoriser l'amélioration de l'humanité. Cette autorité, quoique très-tolérante, ne laisserait pas que d'avoir une immense influence pour enlacer tous les citoyens dans une communauté de sentiment et de croyance, car les hommes sont imitateurs, et l'impulsion qui vient d'en haut produit toujours des résultats qui se ressentent de leur origine.

VIII.

Les divers éléments qui constituent le gouvernement démocratique enseignant que tous les hommes sont égaux et frères, nous verrions considérablement diminuer l'égoïsme individuel, l'égoïsme de famille, l'égoïsme de commune, pour se fondre avec l'intérêt de la patrie; — et l'enseignement religieux, fortement secondé par la politique, viendrait nous apprendre que l'amour exclusif de la patrie est également un égoïsme coupable relativement au genre humain, — que les nations entre elles ont les mêmes devoirs à remplir que les individus entre eux. Alors nous verrions s'abaisser ces barrières monstrueuses que la ruse s'appuyant sur l'ignorance a élevées pour diviser des êtres qu'une même origine et une même nature doivent faire considérer comme des frères. Alors le mouvement social serait dirigé de manière à ne faire de l'Europe, par exemple, qu'une seule famille, une seule nation, et on parviendrait ainsi à hâter étonnamment le progrès humanitaire, l'association de tous les peuples.

Si tous les peuples étaient gouvernés démocratiquement, la guerre, ce fléau de l'humanité, serait un fait exceptionnel, une anomalie ; on peut presque dire qu'elle serait impossible, car les causes qui jusqu'ici ont amené la guerre, à quelques exceptions près, sont des questions purement dynastiques, telles que la vanité, l'orgueil ou l'ambition des familles régnantes ; —oui, tels ont été les principaux motifs de ces combats meurtriers où était dépensée toute l'énergie des nations, soutenue par un abominable préjugé. Or, quand tous les peuples se considèreront comme frères, la guerre ne sera possible que dans des cas d'une nature grave.

En résumé, un gouvernement démocratique est le seul qui, par son principe et son origine, puisse fortement aider l'humanité à prendre son essor vers une voie où elle puisse secouer son esclavage moral et matériel, et entrer ainsi dans une condition sociale qui lui permette de travailler régulièrement et sans secousse à son amélioration.

L'intérêt, ce puissant mobile des mauvaises choses, ne peut porter un pareil pouvoir à détourner l'esprit humain du chemin qui mène à la vraie grandeur. Il ne peut favoriser les intérêts particuliers au préjudice des intérêts généraux, puisqu'il tient sa puissance de la volonté explicite du plus grand nombre.

Il offre à la société toutes les garanties désirables: protection aux intérêts de chacun; respect à la loi, puisqu'elle est l'ouvrage de tous; respect aux fonctionnaires publics, puisqu'ils doivent leur nomination au vœu général ; mépris des biens de ce monde, puisqu'il ne demande aux citoyens que la justice et la probité; mépris du vice, puisqu'il en fait un motif d'exclusion.

Ainsi, moralité, justice, dévouement et bien-être matériel pour le grand nombre, tels sont les résultats qui doivent être amenés par les conséquences du principe démocratique.

IX.

Nous avons fini l'examen de l'influence favorable ou défavorable que peuvent exercer sur le progrès social les diverses institutions politiques; il nous reste à voir quels sont, dans l'état actuel des choses en France, les moyens à prendre pour jeter la société dans une condition régulière.

La France est essentiellement à une époque de transition; rien de ce qui existe n'est considéré comme devant être durable. Les uns, reportant leurs regards dans le passé, regrettent les institutions qu'un peuple justement indigné a brisées et anéanties pour toujours; les autres, au contraire, héritiers des nobles sentiments qui animaient ceux de leurs ancêtres qui, consciencieusement, prirent part au grand et mémorable fait de notre première révolution, se consolent de l'état présent en pensant que bientôt la société entrera dans une voie de grandeur morale et de prospérité matérielle. Cependant nos hommes d'état, subissant l'influence du milieu dans lequel ils vivent, sont tellement absorbés par le présent et peu soucieux de l'avenir que, si la société ne trouve pas, en dehors de l'action gouvernementale, des éléments de prudence et de sagesse, une catastrophe brusque et violente est inévitable. En effet, est-il besoin d'avoir une grande perspicacité pour sentir que nos institutions, soit religieuses, soit politiques, ne satisfont point la plus grande partie des intelligences, et que, malgré l'espèce d'atonie, d'apathie qui existe, il s'opère dans les esprits un grand travail qui ne sera pas stérile? Qu'on ne s'y trompe pas, ce n'est pas inutilement que Dieu a donné à chacun de nous l'activité intellectuelle. On peut bien arrêter, à force d'habiles manœuvres, les élans de la pensée; on peut bien, par une pénalité draconienne, par l'emploi de moyens corrupteurs, la comprimer, la refouler pour quelque temps: mais l'anéantir, jamais! Ainsi, en dépit de tous les obstacles, l'esprit humain marchera, et plus on lui aura suscité d'entraves et de tracasseries, plus son triomphe sera suivi de désordres et de malheurs.

Ah! si ceux qui nous gouvernent pouvaient se dégager de l'influence de leur position, si, au lieu de résister à ce progrès moral dont a besoin la société, et faisant abnégation du *moi gouvernemental*, ils le dirigeaient dans un sens conforme à la raison et à la dignité de l'homme, que de maux ils éviteraient aux générations futures, et peut-être aussi à la génération présente! Mais non, il faut attendre peu de choses de l'action dirigeante; car, le pouvoir actuel existant en vertu d'un principe d'exclusion et de privilége, le *statu quo* sert ses intérêts, ses passions, ainsi que les intérêts et les passions de tous ses adhérens, et il n'abdiquera que lorsqu'il y sera forcé par l'opinion publique. Voyez plutôt ce qui s'est passé jusqu'ici : si, de temps à autre, la nation obtient quelques garanties, quelques libertés, toutes ces concessions ne sont-elles pas arrachées au pouvoir malgré sa volonté ?

Or, convaincu que la société n'a, pour être préservée d'une plus grande démoralisation, que le bon sens public et la presse indépendante, nous allons exposer comment nous entendons sa mission. Nous le savons, la presse radicale est dans une position pénible, et sa mission est d'autant plus importante qu'elle est plus difficile. Elle a des éléments puissants à combattre : d'abord les idées reçues et consacrées par des siècles ; ensuite les principes propagés soit par les organes de la presse salariée, soit par l'éducation des colléges qui sont sous la direction du gouvernement ; puis enfin la chaire catholique dans ses enseignements étroits et superstitieux.

Quoique jusqu'ici l'influence de la presse ait été immense sur le progrès des idées, nous croyons cependant qu'elle aurait pu faire davantage en tenant la discussion à une certaine hauteur.

Oui, c'est à la presse indépendante, aidée de la littérature, qu'il appartient de détruire les causes qui s'opposent à l'avènement d'une ère où la sagesse jointe à l'intelligence gouvernera le monde.

Mais pour combattre des adversaires aussi puissants que ceux que nous avons signalés, il ne suffit pas de critiquer les actes du pouvoir, de suspecter un ministre de probité, de l'accuser d'incapacité, ni même de crier contre les empiètements de l'administration religieuse. Il faut quelque chose de mieux pour enflammer les hommes d'un élan noble et généreux; il faut s'emparer d'un ordre d'idées philosophiques qui, par la profondeur et la justesse de ses enseignements, puisse pousser les intelligences à préparer les matériaux devant servir à la construction d'un édifice social et religieux, pouvant réunir tous les esprits dans une foi, dans une croyance communes. Quand on veut détruire, il faut savoir ce que l'on mettra à la place.

Cependant le journalisme s'est tellement amélioré, il a acquis une telle importance, que tous les esprits supérieurs lui prêtent l'appui de leur talent et de leur savoir ; il est en mesure de pouvoir aborder les plus hautes questions de philosophie morale. Ainsi la presse ne doit plus entièrement laisser à la littérature le soin de traiter ces importantes questions; c'est à elle qu'il appartient de se livrer à l'étude de l'homme, de l'univers, de préciser les devoirs et les droits de chacun; c'est elle qui doit enseigner ce qui est bien et ce qui est mal; c'est à elle qu'il appartient d'apprendre à l'humanité d'où elle vient, où elle va, d'apprendre à l'individu ce qu'il doit à sa famille, à sa patrie, à l'humanité. Qu'elle mette dans ses discussions de la loyauté, de la franchise; qu'elle ne sacrifie pas les intérêts généraux et l'avenir aux intérêts particuliers et au temps présent. Alors le respect et l'estime dont elle jouira lui permettront d'agir avec autant de liberté que d'espoir d'obtenir de bons résultats.

Dans les rangs des hommes dévoués à la cause du progrès, il est des individus qui veulent procéder par l'intrigue et la violence au renversement de l'ordre de choses établi.

Nous ne saurions flétrir avec trop d'énergie ces instigateurs de complots, de conspirations, ayant pour but d'organiser la révolte à main armée. Nous dirons à ces personnes : Vous êtes mues par des considérations d'intérêt ou d'ambition; vous avez des vices qui vous ont créé des besoins nombreux et tellement impérieux, qu'impatients de les satisfaire, vous voudriez bouleverser la société sans savoir sur quelles bases vous la reconstituerez. Que tout homme qui veut se dévouer à la cause du progrès, et la servir avec fruit, se replie dans l'intérieur de sa conscience, pour voir s'il n'a pas les mêmes passions, les mêmes habitudes de luxe et de débauche que les hommes qui appartiennent à une cause contraire. Si, après cet examen, il se trouve plus modeste dans ses goûts, plus loyal, plus généreux et plus moral dans l'ensemble de sa conduite, alors il peut demander la réforme des imperfections sociales; car quiconque veut régenter l'humanité doit être supérieur à tous les autres en sagesse et en vertu.

Ainsi, ceux qui veulent appartenir à la démocratie, à moins de lui faire plus de mal que de bien, doivent considérer le progrès comme une tâche, comme un devoir imposé à l'homme, s'ils veulent être patients et ne pas être abreuvés de déceptions, ils doivent chercher à persuader et à convaincre seulement par le raisonnement et l'autorité d'une conduite pleine de justice et de dévouement.

DE L'UNITÉ

DANS L'ACTION GOUVERNEMENTALE.

Jusqu'ici l'état social a été soumis à deux actions dirigeantes, partant d'un principe différent et par conséquent devant tendre à des buts opposés ; l'une, action religieuse dont la mission est d'apprendre à l'homme à se connaître, l'instruire de ses devoirs, en un mot, le dégager des liens de ce monde pour qu'il n'ait en vue que la vie future; l'autre, au contraire, action politique, dont la mission se trouve renfermée dans le cercle étroit de la vie terrestre, ne s'occupe que des intérêts temporels.

Il nous semble qu'un pareil système ne peut avoir, dans l'ordre moral comme dans l'ordre matériel, que des résultats incomplets, c'est-à-dire que non-seulement il ne peut assez contribuer à conduire l'homme à ses fins ultérieures, mais que même il doit contribuer à le priver sur la terre de la somme de repos et de bonheur à laquelle il peut prétendre, tout en ne devant pas perdre de vue que la félicité terrestre ne peut être qu'infiniment bornée ; et cela parce qu'une nation gouvernée par deux pouvoirs dont les enseignements sont différents ne peut entrer que bien difficilement dans une voie d'unité et de croyance commune. En effet, c'est organiser la lutte, le dualisme, dualisme dont l'existence se manifestera toujours assez par la nature même de l'organisation de l'homme.

Ainsi, nous pensons que l'unité gouvernementale, c'est-à-dire qu'un gouvernement qui s'occuperait à la fois de la direction morale et matérielle, serait le plus capable de moraliser et de civiliser les peuples.

Reconnaissant en l'homme deux natures différentes, l'une spirituelle et l'autre physique, nous sommes persuadé que si la souveraineté de l'esprit était reconnue par toutes les institutions sociales, la matière subirait l'autorité du principe auquel l'organisation politique l'aurait subordonnée, et que si une nation était soumise à une seule action dirigeante, à la fois religieuse et politique, elle pourrait plus facilement atteindre un haut degré de prudence, de sagesse ainsi que de prospérité matérielle.

Nous avons exposé, brièvement il est vrai, dans notre examen sur les *institutions politiques,* notre doctrine religieuse; cependant nous répèterons que la religion doit reposer sur des principes tellement justes et raisonnables, que la profondeur de ses enseignements ne permette pas l'existence de l'indifférence, du scepticisme.

Ses enseignements doivent tendre au perfectionnement moral de l'individu et de l'humanité, et cela par l'usage des facultés intellectuelles que Dieu nous a données, et non par une croyance aveugle, mystique et superstitieuse, qui, loin d'élever la pensée humaine, l'avilit et la dégrade en devenant la principale cause de ces aberrations philosophiques, telles que le panthéisme, le matérialisme. Il faut préconiser une doctrine religieuse que ne puissent repousser ni le simple bon sens, ni l'intelligence cultivée.

Les hommes ont besoin d'une religion ; sans croyance religieuse, il n'y a, pour les peuples, ni dignité, ni bonheur, ni moralité. Et ce n'est pas seulement à cause de de sa nécessité pour l'ordre social, mais parce que c'est une vérité immuable et éternelle que prouve tout ce qui nous environne. Il n'y a de matérialisme, a dit Mme de Staël, que dans la froideur, l'égoïsme et la bassesse.

C'est donc pour cette raison que nous voudrions que les peuples fussent soumis à une autorité unique, qui, par son origine et les éléments qui la composeraient, pût diriger les intérêts matériels en vue des intérêts moraux. La souveraineté de l'esprit sur la matière étant sanctionnée par toutes les institutions, le pouvoir serait religieux et politique, et plus religieux que politique; alors le gouvernement, tout en ayant deux buts à atteindre, la civilisation et la moralisation, ne laisserait pas de favoriser de toute son influence le développement de ces facultés morales qui permettent à l'homme de connaître par lui-même sa destinée, ainsi que les conditions sociales nécessaires à son accomplissement.

On le sait déjà, nous ne voulons pas faire de l'être humain un automate, un instrument passif; nous voulons, au contraire, qu'il puisse exercer toute son activité intellectuelle. Ainsi, nous voulons le progrès des arts, du commerce et de l'industrie, aussi bien que le progrès moral ; mais étant, par notre organisation, naturellement portés à rechercher ce qui flatte nos sens, ce qui peut nous procurer des jouissances grossières, il s'ensuit qu'il est nécessaire de placer autant que possible le principe corporel sous la direction du principe spirituel, et malgré l'autorité morale à laquelle le premier sera subordonné, il fera des progrès toujours assez rapides. Cependant il est certain qu'il résulterait d'un système gouvernemental ainsi entendu, des conséquences moins déplorables, moins funestes que si le principe spirituel était de fait sous la dépendance du principe matériel, et surtout si cette dépendance était consacrée par les institutions de la société.

Nous le répétons, le progrès humanitaire doit avoir pour objet le développement de l'industrie aussi bien que le perfectionnement moral de la nature humaine; seulement nous voulons que, contrairement à ce qui a eu lieu jusqu'à présent, le principe moral, source du bien, du beau et du vrai, puisse, sinon dominer absolument, du moins contrebalancer les effets du principe corporel, source du mal, du laid et de l'erreur. Or, c'est ce qui nous porte au bien qui doit faire l'objet de toute notre sollicitude.

L'époque actuelle ne nous montre-t-elle pas assez les désastreuses conséquences d'un système directeur organisé de manière à pousser les esprits dans la voie des études positives, c'est-à-dire du progrès exclusivement matériel, sans songer que la civilisation est un funeste présent sans son correctif la moralisation. Quel est l'homme, je ne dis pas d'une vertu austère, mais un peu sensé et à qui les préoccupations de l'intérêt personnel laissent encore quelques notions de justice et de probité, qui ne déplore les résultats de cet industrialisme dont la société est envahie? Est-il un mois, une semaine, un jour, est-il même une heure, sans parler de ces infamies de chaque instant qui échappent aux investigations de la justice humaine, qui ne soit marquée par une de ces actions honteuses pour l'humanité, et flétries par la raison et l'éternelle morale? Suicides, assassinats, immoralités, banqueroutes frauduleuses, toute espèce de crimes, en un mot, se produit avec une profusion effrayante. Aussi, quelle part fait on aux sentiments nobles et généreux ? Croit-on à la justice, à la vertu? Croit-on même à Dieu? Non, non, on ne croit plus à rien. Ah! je me trompe, on croit à la puissance de la ruse, de la fourberie, de la corruption, à l'or enfin.

Cependant, que ceux à qui la vanité et l'intérêt font regretter le passé ne se glorifient pas de la sévérité des paroles que nous adressons à l'époque actuelle; car, si nous voulions porter nos investigations jusqu'au temps qu'ils regrettent, peut-être nos paroles seraient-elles encore plus dures, et ne nous serait-il pas difficile de montrer que l'état moral de la société d'aujourd'hui est la conséquence des pouvoirs politiques et religieux existants depuis nombre de siècles. En effet, la responsabilité des faits sociaux ne doit-elle pas principalement peser sur ceux qui se sont chargés de la direction de l'esprit humain?

Or, le clergé et l'autorité politique n'ont-ils pas été jusqu'ici ses seuls directeurs officiels? Eh bien! en présence d'un siècle plein d'égoïsme, de mensonge et de turpitudes, quel est l'honnête homme qui pourrait, qui devrait rester impassible et ne pas chercher le remède à tant de maux? Le moment est arrivé où les hommes généreux, amis de l'humanité, ne doivent reculer devant aucun sacrifice pour réhabiliter la société humaine corrompue.

L'unité de l'action gouvernementale, quoique double dans ses enseignements, est, suivant nous, bien préférable à ce système de dualisme organisé et pratiqué jusqu'ici, sans qu'on puisse dire quand il finira. Mais pour que cette unité gouvernementale produise d'heureux résultats, il est indispensable que la direction purement politique soit subordonnée à la direction religieuse; cela est d'autant plus logique et rationnel que la religion embrasse l'humanité entière et l'éternité, tandis que la politique ne s'occupe que d'une fraction de la grande famille et de la vie terrestre seulement. On comprend assez facilement que la partie du pouvoir qui a pour mission d'apprendre aux hommes leur destination ainsi que les moyens de l'accomplir, offre plus de garanties à la dignité humaine et aussi à la stabilité de l'ordre social. Elle est aussi bien plus capable de donner au commerce, à l'industrie, ainsi qu'à tout ce qui est nécessaire au déploiement de l'activité intellectuelle, une impulsion marquée du sceau de l'équité et de la sagesse ; et dans un état social tout doit être fait en vue des devoirs imposés au genre humain.

Quant à l'organisation de cette unité administrative, ne nous occupant que des généralités, soit dans les causes, soit dans les effets, il nous suffit de dire que le pouvoir politique, constitué démocratiquement, c'est-à-dire qui est l'expression de tous les vœux, de tous les besoins et de tous les intérêts, nous paraît le seul capable de résumer avec avantage, pour le progrès humanitaire, la direction religieuse et temporelle. Seulement les citoyens que la confiance publique aurait investis d'une si importante fonction devraient être des hommes d'une sévère probité et d'une grande moralité.

Toutefois, ce serait à l'opinion publique, — et elle seule peut faire de bons choix, — à discerner ceux que leurs lumières ainsi que leur caractère rendraient digne d'une telle mission.

Qu'on veuille bien ne pas perdre de vue que le but constant de nos efforts est de donner à l'humanité une condition d'existence, de raison et de sagesse, que pour y parvenir notre conviction est qu'il faut spiritualiser la société, c'est-à-dire que la moralisation doit dominer, autant que possible, la civilisation. C'est pour cette raison que nous pensons que la direction sociale, religieuse et politique, concentrée dans les mêmes mains, pourrait avoir des résultats pour la réalisation de notre pensée.

Sous le point de vue catholique, la tentative de Grégoire VII, consistant à soumettre à l'autorité ecclésiastique le pouvoir spirituel et temporel, était une conception juste et grande.

Pour réfuter les conséquences signalées de la fusion des deux pouvoirs, on nous objectera peut-être qu'en Angleterre et en Russie le souverain réunit à la fois le pouvoir spirituel et temporel, et que pourtant ces peuples sont dans un état moral et matériel qui laisse beaucoup à désirer. Nous répondrons que chez ces peuples les institutions politiques, l'organisation sociale et la doctrine religieuse sont loin de ce que nous avons exposé à ce sujet.

Nous allons essayer de démontrer quelle influence peut avoir sur la morale, comme sur le bien-être matériel de tous, un gouvernement seul chargé de la direction sociale et organisé démocratiquement. Tous les efforts consisteraient à moraliser la société en propageant les idées de justice, d'ordre et d'économie, non pas en vue d'un but égoïste et cupide, mais en vue de la générosité et du dévouement, en prêchant l'amour du travail comme préservant de la souillure des ignobles passions. Il enseignerait aux hommes à s'aimer et s'estimer comme des frères, parce qu'enfants d'un même père ils sont tous égaux et frères; il leur apprendrait à limiter leurs désirs et leurs besoins parce que ceux-ci sont souvent factices et ceux-là sans frein comme sans limites; que l'homme étant insatiable il n'a pas plutôt satisfait un désir que de suite il est assailli par une foule d'autres tout aussi impérieux que les premiers. Il leur apprendrait que la sobriété et la tempérance, tout en leur laissant la lucidité intellectuelle nécessaire à l'accomplissement de leurs devoirs et aussi à la juste appréciation de leurs droits, les préserveraient du malheur de devenir esclaves d'eux-mêmes, de leurs besoins. Il leur enseignerait enfin que le bonheur n'est pas dans une position plus ou moins élevée, que ce n'est pas telle somme de revenu qui le procure, mais qu'il réside essentiellement dans le cercle des besoins que trace une conduite sage et laborieuse. Qu'importe, je vous le demande, qu'on jouisse d'un revenu de 10,000 fr., si celui qui le possède s'est créé des besoins pour 15,000? L'important est de ne pas se faire des besoins au-dessus de sa position ; et chose à remarquer, l'ambition de l'homme croit à mesure qu'il possède, et jamais il n'est content.

Sans doute, lors même que le gouvernement serait pouvoir religieux il s'occuperait des intérêts matériels,— et nous l'avons dejà dit, — nous ne concevrions pas de progrès là où la fortune publique n'augmenterait pas; seulement nous voulons que son accroissement soit en rapport avec la moralité publique.

Les intérêts matériels sous un pareil gouvernement, recevraient une direction telle que la répartition du revenu public, ainsi que des autres avantages sociaux, serait aussi morale qu'équitable, et loin d'imprimer à l'industrie et au commerce un caractère de mercantilisme, en ferait au contraire un moyen de communication entre les peuples, ce qui hâterait étonnamment l'association de toutes les nations.

Nous savons que le pouvoir spirituel, existant indépendamment du pouvoir temporel, peut donner les mêmes enseignements.

Mais tandis que l'on enseigne une chose, l'autre en enseigne une autre; tandis que l'un s'occupe du ciel, l'autre s'occupe de la terre, de sorte que ces deux influences étant hétérogènes, elles ne peuvent que se nuire réciproquement et paralyser le mouvement humanitaire. Ainsi, il est donc plus rationnel de fondre ces deux puissances en une seule, mais dont la mission serait double, à savoir, la direction religieuse et politique.

Toutefois, nous devons le déclarer, l'importante question que nous venons de soulever relativement à l'unité de l'action dirigeante, n'est pas encore chez nous une de ces convictions profondes que ne puisse ébranler aucune argumentation contraire; il suffirait de nous en montrer les inconvénients, sous le point de vue philosophique où nous nous sommes placé, pour que nous abandonnions la réalisation de ce système. Pourtant elle nous paraît de nature à mériter l'attention des hommes qui s'occupent de la moralisation des peuples, et nous serions heureux si nous parvenions à le mettre au creuset de la presse et de la civilisation.

FIN.

www.ingramcontent.com/pod-product-compliance
Ingram Content Group UK Ltd.
Pitfield, Milton Keynes, MK11 3LW, UK
UKHW031918260826
14628UKWH00003B/1276

9 782013 089678